지은이 미샤 메이너릭 블레즈

캐나다에서 태어나 콜로라도 로키 산맥에서 자랐습니다. 시카고에서 청소년 활동가로 활동했습니다. 자연과 인간, 생명이 서로 맞닿아 있다는 믿음으로 작업해 왔습니다. 환경과 인권 문제에 관심이 많습니다. 진한 홍차를 마시며 삶의 중요한 질문을 나누는 시간을 좋아합니다. 남편과 함께 친환경 건축 회사를 운영하며 두 아이와 함께 살고 있습니다.

옮긴이 이지원

번역자이자 그림책 연구자, 미술사를 전공한 큐레이터입니다. 그림책, 소설, 시 등 100여 권의 책을 우리말로 옮겼으며, 책과 일러스트레이션이 주인공이 되는 장소들을 만듭니다. 탐조 생활을 시작하고, 밤새도록 새 이야기를 하고 싶을 때 이 책을 만나서 날아갈듯 기뻤습니다. 새의 노랫소리를 듣고, 새들을 구별하는 법을 배우며, 새를 보려고 들판과 갯벌, 사막에 한없이 서 있는 것을 좋아합니다. 현재 일러스트레이션 전시 회사 '굴뚝새'의 대표로 활동하고 있습니다.

이토록 사랑스러운 새

미샤 메이너릭 블레즈 지음
이지원 옮김

단추

이토록 사랑스러운 새

2025년 11월 28일 1쇄 발행

지은이 미샤 메이너릭 블레즈
옮긴이 이지원
감수 박종길
디자인 권석연

펴낸곳 도서출판 단추
www.danchu-press.com
hello@danchu-press.com
출판등록 제2015-000076호

CRAZY FOR BIRDS
Copyright © 2020 by Michelle Maynerick Blaise
All rights reserved.
Korean translation rights arranged with Jean V. Naggar Literary Agency, Inc.,
New York through Danny Hong Agency, Seoul.
Korean Translation © 2025 by Danchu Press

이 책의 한국어판 저작권은 대니홍 에이전시를 통한 저작권사와의 독점 계약으로 도서출판 단추에 있습니다.
신저작권법에 의해 한국 내에서 보호를 받는 저작물이므로 무단 전재와 복제를 금합니다.

ISBN 979-11-89723-43-9 73490

제품명 도서 | 제조자명 도서출판 단추 | 제조년월 2025년 11월
전화 070-8841-7788 | 제조국명 대한민국 | 사용연령 3세 이상
⚠ 모서리가 날카로워 다칠 수 있으니 책을 던지거나 떨어뜨리지 않도록 주의해 주세요.

카지미르와 자렉에게

'…통합의 정원에서 영혼의 새가 되어
내면의 진실과 비밀을 노래하라.'

바하이 경전에서

차례

들어가는 말...7
알...28
깃털...46
비행...78
사랑에 빠진 새들...104
둥지...132
노래...158
적응...178
나가는 말...196

관머리비오리

들어가는 말

새들은 하늘의 생명,
새들이 날 때면
하늘의 생각이 보인다.

D. H. 로렌스

지구는 엄청나게 다양한 새들로 가득해요.

새는 깃털이 있고, 알을 낳고, 매우 다양한 환경에 적응하며 살아요.
이 날개 달린 척추 동물들은 일곱 대륙 어디에나 살고 있어요.
세계에는 만 여종이 넘는 새들이 있답니다.

진짜 파마머리처럼 보여요!

(매우 멋진)
컬중부리새

새들은 거의 **지구 어디에나** 살고 있고, 새들과의 만남은 우리 인간의 **공통적인 경험**이에요.

어떤 새들은 모든 대륙에서 볼 수 있어요(남극만 빼고요).

하루에 965킬로미터를 날 수 있어요.

제비

전형적인 귀염둥이

청둥오리

남극에서도 살아요.

어두운 곳에서도 냄새로 둥지를 찾을 수 있어요.

윌슨바다제비

지구상에 가장 흔한 새는
바로 닭이에요.

전 세계에 약 200억 마리가 살고 있는데, 사람 한 명당 세 마리꼴이죠.
닭의 수는 개, 고양이, 쥐, 소, 돼지를 모두 합친 것보다도 많아요.

내가 대장이야.

인도네시아 자바에는 멋진 고유종 닭이 있어요.
아얌 세마니

빨간 피만 제외하고 아얌 세마니의 몸 전체는 다 검정색이에요.
혀와 내장, 뼈와 살, 계란까지도요.

나는
고스족 닭이다.

하지만 도시에 사는 사람이
거의 매일 만나게 되는 새는

비둘기.

전 세계에는 약 4억 마리의 비둘기가 있는데,
대부분 도시에 살고 있어요.

니콜라 테슬라는 자기 동네인 뉴욕의 비둘기들을 좋아하는 걸로 유명했어요. 가는 곳마다 모이 주머니를 들고 다니며 비둘기와 친구가 되었죠. 평생 독신으로 지냈던 테슬라는 노후에 이 깃털 달린 친구들에게 더 많은 애정과 시간을 쏟았어요.
아프거나 다친 비둘기들을 열심히 돌보던 테슬라는 한 암컷 비둘기와 사랑에 빠졌어요. 그 비둘기가 다치자 테슬라는 자신의 모든 과학적 능력을 동원해 치료했어요.
"나는 나의 기술적인 지식을 모두 동원해 비둘기의 몸을 편안하게 지탱해 다친 뼈가 낫도록 할 수 있는 기구를 발명했다."

어떤 사람들은 테슬라가 미쳤다고 할지 모르지만,
어떤 원초적인 면에서 우리는 새들과의 연대감을 느껴요.

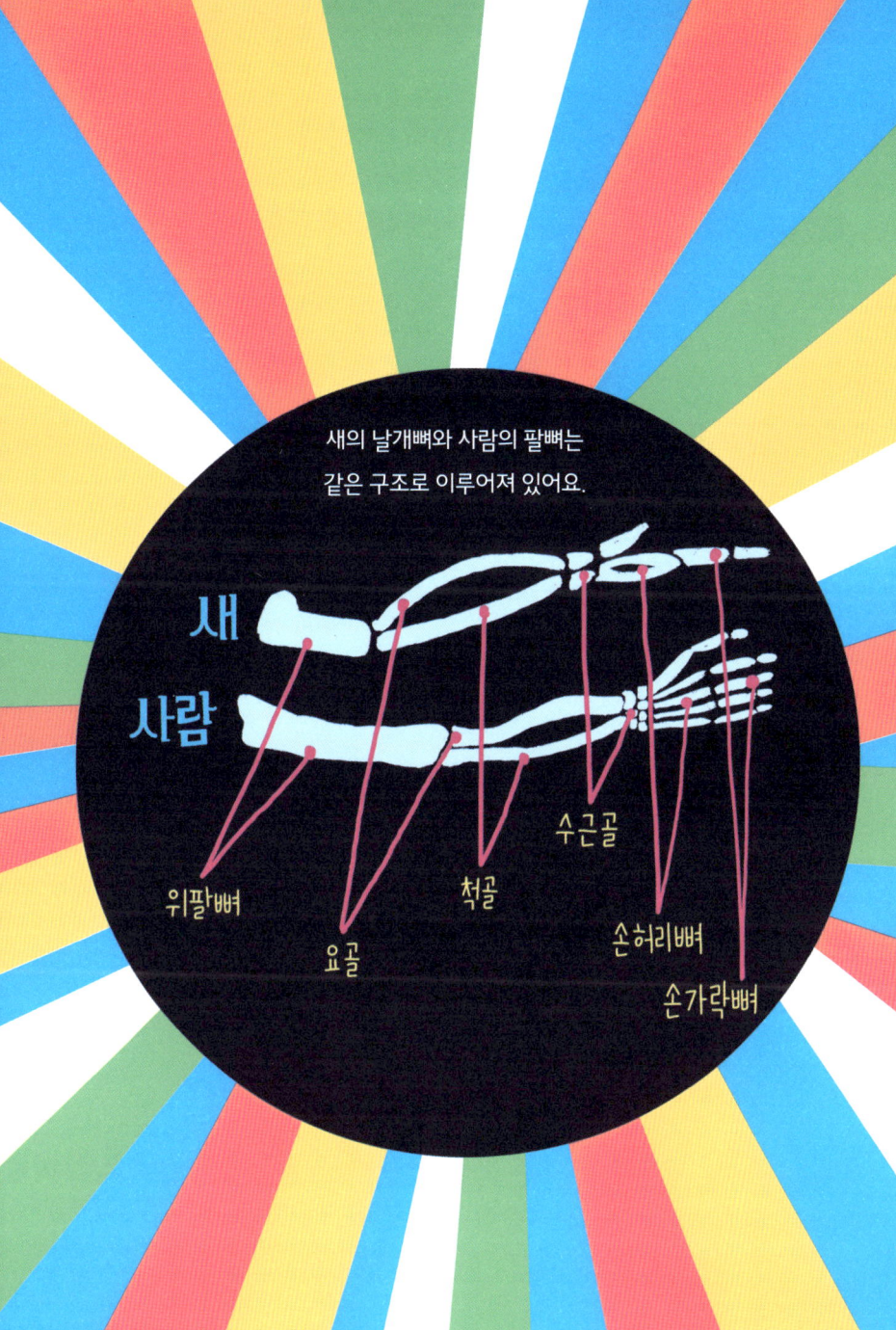

포유류는 조류에서 3억 년 전에 갈라져 진화해 왔어요. 과학자들은 새와 사람의 신경계에서 놀라울 만큼 비슷한 점을 발견했어요.

사람과 새는 신경 기능에 있어서 매우 비슷한 점이 있어요.

새들의 머릿속 지도를 보면 뇌의 여러 부분들이 서로 연결되고 작용하는 모습이 인간과 매우 흡사해요. 예를 들어 사람과 새는 길 찾기와 장기 기억에 관여하는 해마 부분이 뇌의 다른 부분과 촘촘히 연결되어 있어요. 이는 신경 기능이 비슷하게 작동한다는 것을 알려줘요.

새의 뇌는 작지만, 뇌세포가 빽빽하게 차 있어요.
어떤 새들은 생각을 담당하는 뇌 부분에, 몸집이 작은 영장류만큼 많은 신경 세포가 있어요.

새가 똑똑하다는 몇 가지 예

- 까치는 거울에 비친 자기 자신을 인식하는 거울 테스트를 통과했어요.

- 까마귀과 새들은 무언가를 잡기 위해 철사를 구부려 고리로 만드는 등, 도구를 이용하고 연장을 만들 수 있어요.

- 까마귀들은 사람의 얼굴을 구별하고, 자기들에게 해를 끼친 사람들에게 앙심을 품어요.

- 뉴질랜드 고유종인 키아앵무는 다른 새와 협력해서 지적인 문제를 풀 때 자제력과 인내심을 발휘해요.

우리는 대부분 새들이 똑똑하다는 과학적 증거보다는 뭔가 원초적인 이유로 새에 끌려요. 고대부터 새들의 날갯짓은 우리 눈을 하늘로 이끌었어요. 새들은 우리를 이 지구의 리듬과 연결시켜요. 하루의 흐름, 날씨의 변화, 계절이 오고 가는 것. 오랜 세월 동안 새들은 예술과 인간의 신화에 영감을 주었어요. 어떤 이들은 사람의 말과 음악 역시 새들의 수천 년 동안 사람들은 자연과 새들과 밀접한 관계를 맺으며 진화해 왔어요.

바이오필리아

바이오필리아는 생물학자인 에드워드 윌슨이 만들어 낸 말로 '생명 사랑'을 뜻해요. 인간이 인간이 아닌 다른 생명체와 연결되어 있다고 느끼는 타고난 감정이에요.

자연은 우리의 세포 생태 안에 존재하고 우리의 일부는 언제나 자연과 연결되고 싶어해요. 우리가 정말 좋아하는 친구와 함께 시간을 보내고 싶어하는 것처럼 말이에요.
기술이 발전하고 빠른 속도로 도시화가 진행되는 세상에서 많은 사람들은 공기와 물, 땅과 같은 우리를 지탱하는 자연 세계와의 단절을 절실히 느끼고 있어요. 하지만 사실 우리는 어디에 있더라도 언제나 야생과 이 우주의 신비로운 생의 과정과 교류하고 있어요.

새들은 마치 다른 세상에서 온 외교관들 같아요. 쇼핑몰 주차장에서 들리는 시끄러운 새소리는 도시가 시작되는 곳에서 자연이 끝나는 것이 아니라는 걸 알려 줘요. 야생은 '어딘가 멀리' 있는 것이 아니에요. 야생은 바로 여기 있고, 우리는 야생과 완전히 연결되어 있어요.

우주적이고 신비적인 측면에서나 순수한 자연과학적 접근에서나 새들은 끝없는 매력을 보여 줘요. 새들은 우리가 진정 누구인가를 알려 줘요. 끝없고 서로 연결되어 있는 우주의 일원으로서 우리 자신을 발견할 수 있도록 해 줘요.

새들은 이 세상 영혼의 일부이고,
이들은 우리의 영혼을 풍부하게 해요.

이 세상에서 가장 완벽한 것을
당장 말하지 않으면 죽이겠다는 협박을 받는다면,
나는 내 목숨을 새알에 걸겠다.

토마스 웬트워스 히긴슨, 1862년
(미국 유니테리언 목사이자 노예 해방론자)

새알에 대한 기본 상식

종에 따라 조금씩 다르지만, 암컷 새는 보통 한 둥지에 알을 1개에서 17개까지 낳아요. 보통 새들은 매일 알을 하나씩 낳아서 여러 개를 모으는데, 이를 '한배 산란수'라고 해요.

칠면조 암컷은 알을 한 번에 최대 17개를 낳기도 해요!

참고로 칠면조 수컷은 '고블러'라고도 해요.

새알 하나하나는 딱딱한 껍질 속에 작은 생명을 보호하며 살아남을 수 있는,
기적처럼 완벽한 시스템을 갖추고 있어요.
모든 알은 부화하기 위해 산소와 따뜻한 온기가 필요해요.

흥미롭게도 새들은 알을 바로 품지 않아요. 한배에서 나온
알들이 모두 모일 때까지 기다렸다가 모든 알이 같은 시기에
부화하도록 한꺼번에 품어요. 어떤 새들은 며칠 만에
부화하지만, 어떤 새들은 몇 주가 걸리기도 해요.

새알은 자연이 만든 놀라운 예술 작품이에요.

다양한 색과 수학적으로 완벽한 형태를 가진 새알은 우주의 경이로움을 담고 있어요.

솔부엉이

솔부엉이 알은 거의 완벽한 구 모양으로 탁구 공처럼 동그랗게 생겼어요.

적갈색따오기

새알에서 보이는 푸른색과 초록색 색소는 사람의 피에도 들어 있어요. 그래서 우리가 멍이 들면 파랗게 되는 거예요.

흰머리장다리 물떼새

유럽검은가슴
물떼새

'로빈 에그 블루'라는 색도 있어요.

울새

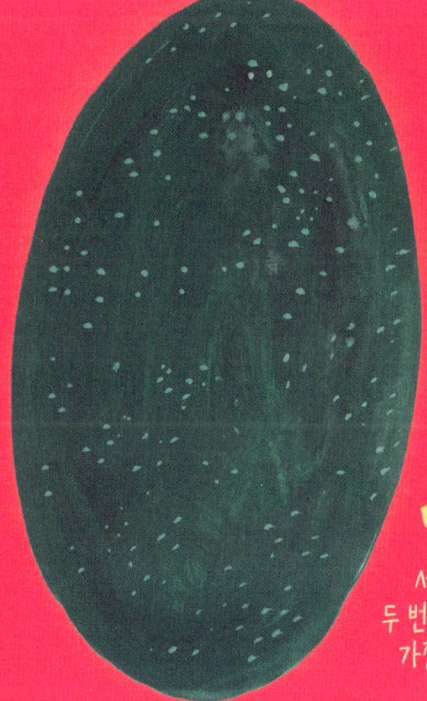

구이라뻐꾸기

세계에서 두 번째로 큰 새알. 가장 큰 알은 타조알이에요.

에뮤

빅토리아
극락조

알이
코팅된 것처럼
윤이 나고
반짝거려요.

큰티나무새

아마 세계에서
가장 작은
알을 낳아요.
정말 작고
귀여워요!

꿀벌벌새

잭슨 폴록의
그림처럼 독특한
무늬가 있어요.

큰바우어새

화식조

새들은 사람보다 더 많은 색을 볼 수 있어요.
사람 눈에는 광수용체가 3개 있지만, 새 눈에는 4개가 있어요.
그래서 새들은 우리가 전혀 볼 수 없는 자외선의 빛까지 볼 수 있어요.

우와.

새의 광수용체에는 색을 더 선명하게 만드는 기름 방울도 있어요.
그래서 이미 멋진 새알들이 실제로는 우리가 상상하는 것보다 훨씬 더 밝고 강렬하게 보일 수 있답니다.

자외선을 비추면 어떤 달걀은 마치 **화산처럼 붉게** 빛나기도 해요.

상모솔새

유라시아 대륙에서 가장 작은 새예요. 이 새는 알을 매일 1개씩 낳아서 총 9개에서 12개를 낳는데, 이 알들을 다 합치면 엄마 상모솔새 몸무게의 1.5배쯤 되어요. 사람으로 치면, 6.8킬로그램 정도 되는 아기를 2주 동안 매일 낳는 것과 비슷한 셈이에요.

갈색머리흑조

갈색머리흑조 같은 어떤 새들은 '탁란'을 해요. 탁란이란, 다른 새의 둥지에 몰래 알을 낳고 떠나는 거예요. 이 날개 달린 악당은 다른 새들의 둥지에 앉아 그곳에 있는 알 하나를 밖으로 버리고 거기에 자기 알을 낳아요. 아무것도 모르는 채 양부모가 된 새는 갈색머리흑조의 새끼를 기르는데, 어쩔 때는 자기 새끼에게 해가 될 때도 있어요. 만약 둥지 주인이 새로 들어온 알을 거부하면 갈색머리흑조는 그 둥지에 있는 알 전부를 파괴해 버리는 등 무서운 복수를 해요!

지금은 성질부리지 않을 거야, 아직 알이 여기 있거든!

못됐다!

새들 중에서 가장 오랜 기간 동안 알을 품는 새는

황제펭귄이에요.

알을 낳은 뒤, 엄마 펭귄은 조심스럽게 아빠에게 알을 넘겨줘요. (그러다 가끔 실수하기도 해요.) 아빠 펭귄은 최대 64일 동안 자기 발 위에 알을 올려놓고 품어요.

추운 겨울이 길어지면, 아빠 펭귄들은 서로 몸을 맞대어 체온을 나누며 알을 품어요. 황제펭귄 수컷은 새들 중에서 가장 오래 단식할 수 있는 걸로도 유명해요. 어떤 황제펭귄은 먹이를 구할 수 없는 혹독한 겨울에 최대 115일 동안 아무것도 먹지 않고 버틸 수 있어요.

키위

키위는 자기 몸 크기에 비해 세계에서 가장 큰 알을 낳아요.
몸무게의 20퍼센트나 되는 크기예요.

또 XXL 임부복을
사야겠네.

타조

타조는 세상에서 가장 큰 알을 낳아요. 무게는 1.5~2.3킬로그램 정도로, 계란 24개 크기와 맞먹어요. 하지만 이렇게 커 보이는 알도 어미 타조 몸무게에 비하면 아주 작아서 몸무게의 2퍼센트 밖에 되지 않아요. 비율로 보면, 타조는 새들 중에서 몸에 비해 가장 작은 알을 낳아요.

임신한 줄도 몰랐네!

타조는 암컷과 수컷이 번갈아가며 알을 품어요. 한 둥지에 여러 암컷이 함께 알을 낳는데, 많게는 60여 개까지 모이기도 해요.

타조는 최대 2미터 70센티미터까지 자라고,
몸무게는 180킬로그램까지 나가기도 해요.
그래서 타조알은 씨름 선수가 앉아도 견딜 만큼
튼튼해야 한답니다.

새알은 전 세계에 있는 여러 문화와 종교에서 중요한 상징이에요.

메소포타미아의 초기 동방 정교회에서는 삶은 달걀을 붉게 물들여 예수의 피를 상징했어요.

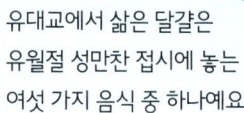

유대교에서 삶은 달걀은 유월절 성만찬 접시에 놓는 여섯 가지 음식 중 하나예요.

우크라이나의 부활절 달걀 '피산키'는 그리스도교가 전래되기 전부터 세대를 걸쳐 전해 내려온 전통으로, 기하학적인 무늬로 장식한 달걀이에요.

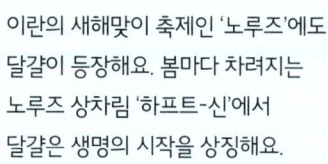

이란의 새해맞이 축제인 '노루즈'에도 달걀이 등장해요. 봄마다 차려지는 노루즈 상차림 '하프트-신'에서 달걀은 생명의 시작을 상징해요.

파베르제의 달걀

러시아 황제들은 1885년부터 1917년까지 매년 부활절마다 보석 세공사 피터 칼 파베르제에게 특별한 보석 장식 달걀을 주문했어요. 이 화려한 달걀들은 정교한 세공과 귀한 보석으로 장식되었으며, 왕실의 부와 권위를 상징했어요. 현재까지 남아 있는 57개의 파베르제 달걀은 희귀한 예술품으로, 경매에서 수백만 달러에 거래되기도 해요.

진짜 다이아몬드야!

차레비치 달걀, 1912년

타조알은 **종교적으로 부활**의 상징으로 여겨졌어요.
동방 정교회, 유대교의 시나고그,
이슬람교의 모스크에서는 타조알을 장식품으로
사용해 왔어요.

아프리카 말리의 젠네에 있는
대 모스크 기둥 끝에도
장식으로 타조알이 있어요.

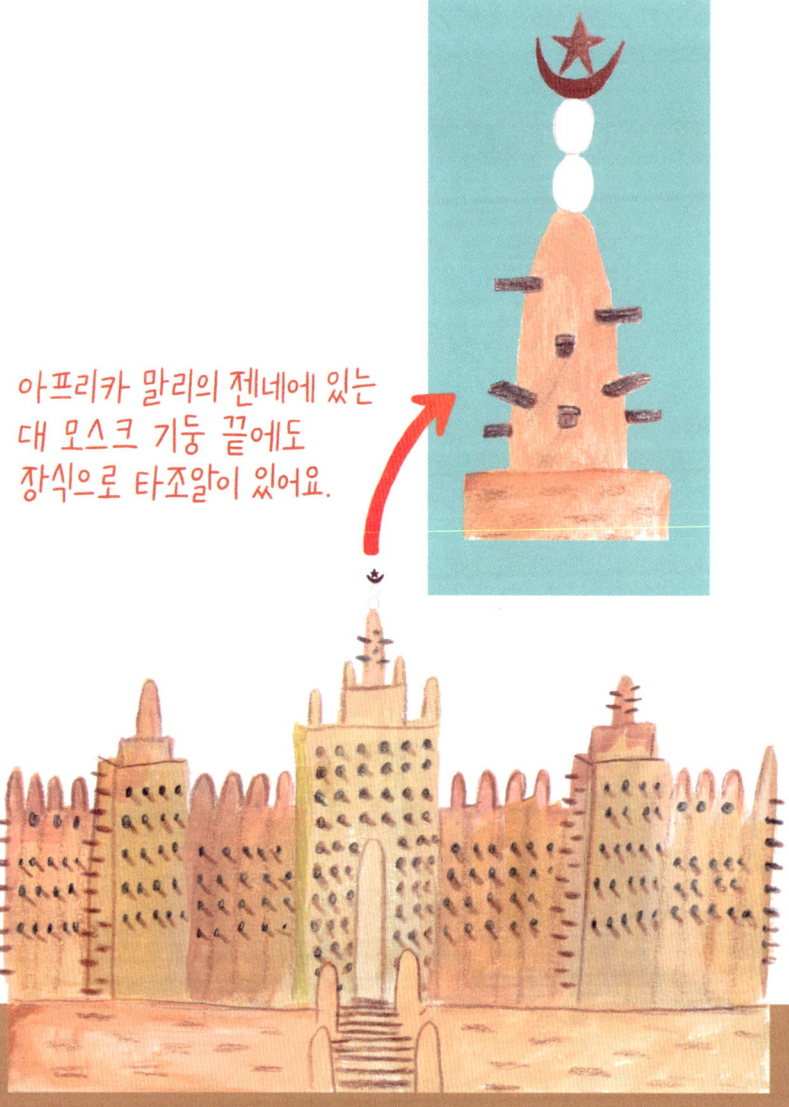

터키 오스만 제국 시절에는 타조알이 모스크의 샹들리에 걸려 있었어요.

많은 콥트 교회의 대문 앞에도 타조알이 걸려 있어요.

그리스 크레타 섬의 에츠 하임 샹들리에

타조알은 시칠리아와 예멘 그리고 터키 오스만 제국과 그리스의 시나고그에서도 장식품으로 사용되었어요.

새의 깃털에 대한 기본 상식

깃털은 자연에서 가장 가볍고 튼튼하고 유연한 생체 구조이고,
이 지구상에서 깃털을 가진 것은 새뿐이에요.

모든 깃털의 구조는
기본적으로 같아요.

깃축(깃대)

깃뿌리

과거에는 깃털 펜이
중요한 기록을 남기는
도구로 쓰였어요.

마그나 카르타, 미국 독립선언문 같은 역사적인 문서들도
깃털 펜으로 작성되었어요.
깃뿌리의 빈 공간에 잉크를 담아 사용했죠.

깃판

깃가지

작은 깃가지

깃가지

깃가지마다 천 개 이상의 작은 깃가지가 뻗어 깃털을 단단하게 고정해요.

갈고리

작은 깃가지보다 더 미세한 갈고리들이 작은 깃가지마다 뻗어 나와 깃가지와 작은 깃가지를 단단히 결합시켜요. (이렇게 훌륭한 결합 구조 때문에 깃털은 물에 젖지 않아요.)

보통 하나의 날개깃에는 100만 개도 넘는 작은 부분들이 완벽히 결합되어 있어요.

보통
**암컷은
수수해요.**

원앙(암컷)

수컷은 훨씬 더 화려하죠!

질투 나?

원앙 (수컷)

새들은 수컷의 깃털 색이 암컷보다 밝은 경우가 많아요.
특히 짝짓기 시기에는요.

와인목 벌새

힙스터풍 수염을 번쩍번쩍
뽐내고 있어요.

최고의 패셔니스타도
구찌 안경을 내리고
다시 한번 살펴볼 만큼
큰호로새는
완벽한 패턴의
깃털을 갖고 있어요.

멜라닌 색소가 사람의 피부색을 결정하듯, 새의 깃털에서도 멜라닌 색소가 갈색, 검은색 그리고 연노란색을 만들어 내요. 멜라닌이 많을수록 깃털 색은 더 짙고, 더 튼튼하고 단단해져요. 날개깃의 끝이 검은색일 경우, 날면서 닳거나 손상되는 일이 덜하답니다.

검은수리부엉이

갈색머리물총새

하지만 모든 색이 색소로 만들어지는 건 아니에요. 푸른색과 어떤 초록빛은 빛의 입자가 깃털의 구조와 반응하며 만들어져요. 새의 깃털이 오색영롱하게 빛나는 건, 깃털의 작은 깃가지가 프리즘처럼 빛을 굴절시키기 때문이에요.

깃털은

발톱, 뿔 그리고 사람의 손톱을 만드는 단백질인 '베타 케라틴'이 겹겹이 쌓여서 만들어져요.

깃털은 여러 가지 일을 해요. 자외선을 막아 주고, 온기를 유지하고, 위장을 도와주고, 방수도 돼요.
대부분 새들은 깃털 덕분에 하늘을 날 수 있어요.

괴이하고도 귀엽게 생긴
개구리입쏙독새의 새끼는
북슬북슬하고 따뜻한 솜털로 싸여 있어요.

깃털은 성적 매력을 강조하는 데 쓰이기도 해요. 존 제임스 오듀본★ 역시 그랬죠. 자신의 화려한 머릿결에 집착하는 걸로 유명했거든요.

"내 곱슬머리는 모자 밑에서 자유롭게 물결치고, 내가 만나는 모든 여성들은 내 머리카락을 주시하며 내가 사라질 때까지 나를 쳐다보곤 한다."

오듀본은 머리를 자를 수밖에 없게 되자 그 상황을 단두대에서 목이 잘리는 것에 비유했어요. 그리고 자신을 '멋진 깃털을 모두 잃어버린 새'에 비유했죠.

★존 제임스 오듀본은 《북미의 새》라는 책을 쓴 사람이에요. 이 책은 세계에서 가장 비싼 책 중 하나로, 2013년 경매에서 1,150만 달러에 팔렸어요.

번쩍이는 꽁지깃을 펼치는 것도 부족한지

수컷 공작은

깃털을 진동시켜
사람에게는 들리지 않지만
암컷 공작에게 들리는
<u>초저주파 소리</u>를
만들어요.

흰머리수리

흰머리수리는 첫째날개깃의 상태에 매우 민감해서 한쪽 날개에서 깃털 하나가 빠지면 균형을 맞추기 위해 다른 쪽 날개에서도 일부러 깃털 하나를 떨어뜨려요.

뭔가 상징적인 행동 같지 않나요?

홍학

홍학은 태어날 때는 회색이지만 먹이인 바다 새우와 남조류 속에 있는 색소 때문에 분홍색으로 변해요.

홍학 무리의 색깔은
정말 현란해요.

수컷 방망이날개 무희새

동 아프리카에 사는 이 새는 매미 같은 곤충처럼 날개를 문질러서 소리를 내요. 1초에 100번도 넘는 빠른 속도로 날개를 떨면 '이이이이!' 하는 소리가 난답니다. 과학적으로 진짜 빠르다는 것이 증명되었어요.

인생은 완벽하지 않지만,
네 깃털은 완벽할 수 있지.

수컷

리본꼬리 극락조

야생에서 사는 새 중에서 몸 길이에 비해 가장 긴 꼬리를 갖고 있어요. 꼬리는 1미터까지 자란답니다. 새들의 세계에서 암컷들은 이렇게 황당하게 긴 꼬리를 가지고도 살아남을 수 있는 수컷들의 체력을 높이 평가해요.

세계에서 가장 긴 꼬리를 가진 새는

일본의 긴꼬리닭.

반려동물로 키우면 꼬리가 어마어마하게 길게 자라요.
가장 긴 기록은 무려 12미터랍니다.

깃털은 수백만 년에 걸친 진화를 통해 이렇게 멋지게 완성되었어요.
깃털은 공룡 시대에도 있었답니다!
지금의 과학자들은 대부분 (어쩌면 모든) 공룡에 깃털이 있었다는
사실에 동의하고 있어요.

시조새는 공룡의 후손으로,
지구에 처음 나타난 새라고
추측해요.

시조새

사실 새들은 살아있는 공룡이에요. 중생대 공룡인 수각류와 가까운 친척으로
약 6600만 년 전, 유성이 지구에 떨어져 많은 공룡들이 멸종했을 때도
약 30퍼센트에 이르는 생물들은 살아남았어요. 그중에는 새와 비슷한
공룡들이 있었고, 이들이 오늘날 새들의 조상이 되었어요.

큰화식조 같은 새는
깃털이 난 공룡처럼 보여요.
오싹한 느낌이죠.

거대한 투구 모양의 돌기

차갑고 냉혹한 파충류 같은 시선

사람을 죽인 적도 있다는 소문

13센티미터나 되는 발톱

'코리토랍토르 자코비'라는 공룡과 똑같이 생김

인간의 모습 속 깃털

세계 여러 곳의 토착민과 원주민들은 과거에도, 지금도 깃털을 아주 중요하게 여겨요.

틴

카메룬 바밀레케 족은 정교한 깃털 왕관을 쓰는데, 오직 왕과 왕족, 전사들만 쓸 수 있어요.

엔쿠라루

마사이족 전사는 사자를 죽이는 통과 의례를 마치기 전, 타조 깃털로 만든 전통 머리 장식을 써요.

다하리/ 도호에리

호주 토레스 해협 제도에 사는 원주민들은 다하리라는 상징적인 깃털 머리 장식을 써요.

전사의 모자

독수리 깃털로 만들어진 이 장식은 그레이트플레인스 지역의 원주민들이 써요. 전통적으로 지위가 높은 남성만이 쓸 수 있고 매우 성스럽게 여겨졌어요.

마디 그라스와 카니발
축제 기간 동안
깃털은 요염하고 화려한
장식으로 쓰여요.

새는 우리와 자연을 잇는 다리이자 어디든 날아갈 수 있는
자유를 꿈꾸게 하는 존재다.

루 맵(아웃도어 아프로 설립자)

새들의 비행에 대한 기본 상식

하늘을 나는 새들의 날개는 비행을 위해 완벽하게 설계되어 있어요.

후투티

새들이 아래로 날갯짓을 하면 공기의 압력이 생기고, 그 힘이 몸을 위로 밀어 올려요. 날개 위쪽 곡선을 따라 흐르는 공기는 자연스럽게 위로 향하고, 이로 인해 양력이 생기죠. 게다가 새의 몸은 공기의 저항을 거의 받지 않는 완벽한 유선형이라 바람을 타고 쉽게 미끄러지듯 날 수 있어요.

뿔호반새

지구상의 새들 중 반 정도는 철새예요. 어떤 새들은 걷거나 수영을 해서 이동하기도 하죠. 대부분 새들은 밤에 이동해요.

사람과 달리 새들은
여권도 필요 없고,
국경을 통과하지 않아도 돼요.
나라 사이를 자유롭게 오가는 새들은,
생태계가 **서로 연결**되어 있고,
우리 모두 같은 지구에 속해 있다는
사실을 일깨워 줘요.

전 세계에는 철새들이 이동하는 아홉 개의 길이 있어요.

한국은 동아시아-대양주 철새 이동 경로의 중심에 있는 중요한 나라예요.

흑두루미
한국의 겨울을 찾는 손님이에요.

동아시아-대양주 철새 이동 경로는

500종이 넘는 수십억 마리의 철새들이 이동하는 길이랍니다.

러시아
알래스카
중국
한국
필리핀
인도네시아
호주
뉴질랜드

철새의 이동은 험난해요.

비행 중에 폭풍우를 만나기도 하고, 잠시 들렸던 중간 기착지가 인간에 의해 갑자기 파괴된 것을 발견하기도 해요. 고양이의 희생물이 되기도 하는데, 고양이는 인간이 만든 요인 중 새들의 삶을 가장 심각하게 위협하는 존재예요. 이동은 너무나 위험한 과정이라 명금류 철새들 중에는 이 이동에서 살아남아 다시 번식기에 돌아오는 새가 절반 정도 밖에 되지 않아요.

새들이 어떻게 길을 찾는지는 아직 완전히 밝혀지지 않았어요.

조사에 따르면 새들은 자연의 표식과 인공물을 모두 길잡이로 삼고, 달과 별의 도움으로 위치를 파악한다고 해요. 또 귓속에 있는 작은 철 성분 덕분에 나침반처럼 방향을 잡고, 눈 속에 있는 특수 단백질 덕분에 지구의 자기장도 볼 수 있대요.

극제비갈매기

극제비갈매기는 무게가 비누 한 개, 약 100그램 정도 돼요. 주머니에 쏙 들어갈 만큼 작지만, 정말 멀리까지 날아갈 수 있어요. 이 새는 북극에서 남극까지 평균 70,900킬로미터를 이동했다가 몇 달 후에 다시 북극으로 돌아온답니다! 현재까지 알려진 새들 가운데 가장 멀리 이동하는 새로 꼽혀요.

멈출 수 없어, 멈추지 않아.

큰뒷부리도요

큰뒷부리도요는 여행을 떠나기 전, 몸무게가 두 배로 늘 때까지 열심히 먹어요. 이렇게 축적한 양분으로 아무것도 먹지도, 마시지도 않고 11,000킬로미터를 쉬지 않고 날아가요. 호주, 뉴질랜드에서 출발해 한국의 서해안을 지나 시베리아나 알래스카 서쪽까지 가는 이 극한의 여행은 8일 정도 걸려요.

어떤 새들은 날기 전에 몸무게를 조절하기도 해요.

보지 않는 게
좋을 걸.

안데스콘도르

안데스콘도르는 썩은 고기를 발견하면 몇 킬로그램이나 되는 고기를 한 번에 먹어 치워요. 그러다 긴급 상황이 생겨 날아야 하는데, 몸이 너무 무거우면 몸무게를 줄이려고 먹은 것을 토해 내기도 해요.

검은등칼새는 정말 극단주의자들이에요.

이들은 번식을 하지 않는 시기에는 **10개월**을 하늘에서 보낸답니다.

엄마, 아직 다 안 왔어요?

다섯 달만 더 날자, 아가야.

검은등칼새는 먹고, 마시고, 모든 것을 날면서 해결해요. 심지어 몇 분이라도 앉아서 쉬는 '게으른' 개체들조차 99퍼센트의 시간을 공중에서 보낸다고 해요.

칼새들은 어떻게 그렇게 오랫동안 떠 있을 수 있을까요?
조사에 따르면 칼새들은 나는 동안 두뇌의 반을 쉬게 할 수 있대요.
믿기 어렵지만, 때로는 뇌의 양쪽을 모두 꺼 버리고 렘수면 상태에 들어가
온몸의 근육을 이완한 채 바람에 몸을 맡기기도 한대요.

줄기러기는 가장 높이 나는 새 중 하나예요.

이 새는 이동 중에 8,200미터까지 날아올라 히말라야의 가장 높은 산봉우리를 넘어요(헬리콥터보다 훨씬 더 높이 날 수 있어요!). 영하 50도의 얼음장 같은 추위와 고원의 극심한 저기압도 견뎌 내야 해요.

새들이 하늘을 꽉 채우는
정말 신비한 방식은
군무예요.

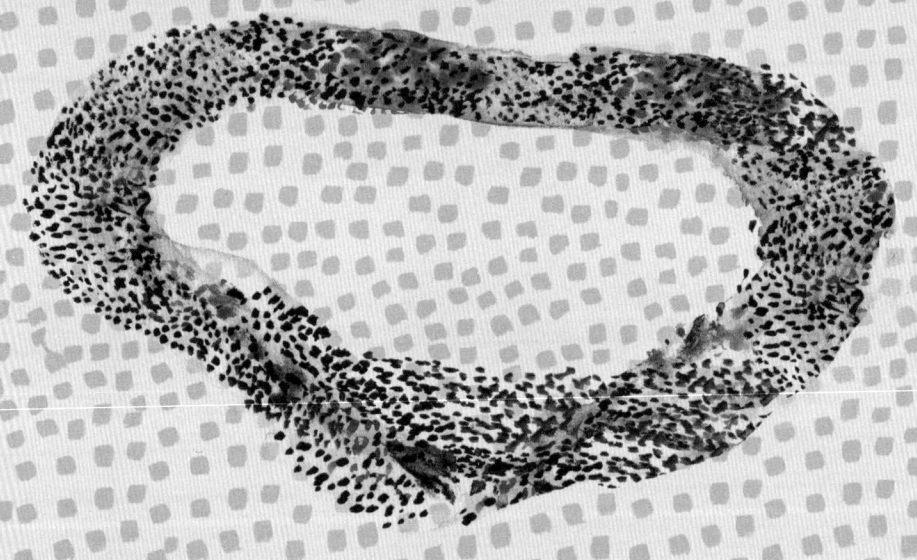

수만 마리의 찌르레기들이 반짝이며 서로 3센티미터도
안 되게 바짝 붙어 하늘을 가로질러요. 늘어났다
줄어들었다 움직이며 마치 살아 있는 듯한
변화무쌍한 모양을 만들어 내요.

송골매는 속도 기록 보유자예요.

송골매는 날개를 몸에 바짝 붙이고, 아주 높은 곳에서 지상을 향해 총알처럼 쏜살같이 내리꽂혀 날아요. 지금까지 기록에는, 공중에서 시속 380킬로미터까지 도달한 송골매도 있어요!

비행의 힘

매사냥의 기술

수천 년 동안 지구 곳곳에서 사람들은 새의 비행 기술을 이용해 매나 수리 같은 맹금류를 사냥에 이용해 왔어요.

유네스코는 매사냥을 인류 무형 문화유산으로 등재했어요.
한국을 포함해 무려 18개국이 이 분야에 함께 이름을 올렸답니다.
매사냥은 인류가 공유해 온 중요한 문화 요소 중 하나로
여겨지고 있어요.

전서구

비둘기는 방향 감각이 아주 뛰어나
수천 년 동안 소식을 전하는 임무를 맡아 왔어요.

우체부 모자
편지

고대 그리스인들은 비둘기를 통해 올림픽 소식을 전했어요. 13세기에 칭기즈 칸은 아시아와 유럽 전역에 비둘기를 이용한 우편 체계를 만들었어요.

1차 세계대전 때는 통신 비둘기들을 바구니에 담아 전선으로 보냈어요. 병사들은 새에게 편지를 달았고, 비둘기들은 부대를 뒤로한 채 자신들의 집으로 날아갔답니다.

2차 세계대전 동안에는 약 54,000마리의 비둘기가 '미군 비둘기 서비스(전서구)'라는 이름으로 활동했고, 무려 90퍼센트의 성공률로 전갈을 전달했어요.

디킨 메달

영국의 동물 구호 단체는 2차 세계대전 중 용감하게 활약한 32마리의 비둘기에게 훈장을 수여했어요. 윙키, 타이크, 머큐리, 구스타프, 메리, 패디라는 이름의 비둘기들이 상을 받았답니다.

새들의 비행은
자유와 영혼의 고양을
상징해요.

몇 세기 동안 조로아스터 교인들은 죽은 이의 시신을

'침묵의 탑'이라는

높은 구조물 위에 올려놓았어요.
맹금류, 특히 독수리들이 시체를 먹을 수 있도록 한 것이죠.
자신의 몸을 새들의 먹이로 내어놓는 것을 조로아스터 교인들은
마지막 선행이라고 생각했어요. 이 풍습은 아직도 인도의
파시 부족 같은 몇몇 부족들 사이에 남아 있어요.

자연만큼 우리를 설레게 하고,
눈을 즐겁게 하는 건 없다.
인생을 살 만하게 만드는 많은 것들이
자연에서 비롯된다.

데이비드 아텐버러 경(영국 동물학자)

새들의 사랑에 대한 기본 상식

새들은 자연계에서 가장 희한하고 이상한 짝짓기를 보여 줘요.

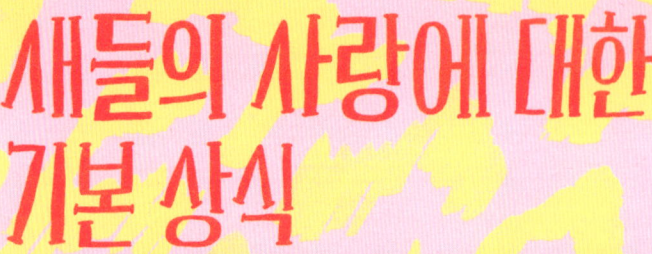

보통 수컷 새들이 구애에 온 힘을 쏟지만, 실제 번식을 위한 짝짓기는 대부분 몇 초에 지나지 않아요. 그렇지만 바로 이 몇 초에 종의 생존이 달려 있으니, 새들에게는 아주 중요한 순간이지요.

군함조 수컷은
구애 행동의 하나로 목에 있는
거대한 붉은 주머니를 부풀려요.

번식 철이 오면 수컷 새들은 테스토스테론*이라는
호르몬의 영향을 받아 놀라운 변화를 보여요.
색이 더 화려해지고, 깃털이 길어지며,
온 마음을 암컷의 관심 끌기에 쏟아요.

★테스토스테론은 수컷의 번식 행동에 영향을 주는 호르몬이에요.

유니콘의 뿔 같지만, 더 마법적이죠!

수컷
테밍크트라고판

이 새는 아주 멋지게 생긴 꿩 종류예요. 깜짝 놀랄 만한 색과 무늬의 턱받이 같은 장식을 펼쳐 보여요. 머리에 난 고무 같은 뿔 두 개까지 더하면, 정말 이 지상의 생명체이라고는 믿기 힘든 모습이에요.

어깨걸이 극락조

이 새의 구애 방식은 더 환상적이에요. 처음에는 그냥 평범한 검은 새처럼 보이지만, 날개를 활짝 펴고 머리를 구부리면 눈앞에 번쩍거리는 웃는 얼굴 모양이 나타나요.

이상하지만 그 매력에 반해 버려요.

<u>실제 이야기</u>

산쑥들꿩

이 새는 가슴에 있는 거대한 공기 주머니를 부풀린 뒤, 그것들이 서로 부딪칠 때까지 위아래로 몸을 흔들어요. 이때 나는 **'부룩!'** 소리는 무려 3킬로미터 밖에서도 들을 수 있어요.

있는 건 자랑을 해야지.

수컷
긴꼬리무희새는

구애의 춤을 출 때 도와주는 조수가 있어요.

그 순간이 오면 두 수컷은 최면술이라도 거는 듯한 빠른 원 동작으로 움직여요. 서로 회전목마처럼 자리를 바꾸며 띌 때마다 이상한 윙윙거리는 소리를 낸답니다. 마지막으로 더 우세한 수컷이 암컷을 차지하고, 충실한 조수는 다시 도움이 필요해질 때까지 기다려요.

어떤 바우어새 수컷은 멋진 건축 솜씨로 암컷의 마음을 사로잡아요.

바우어새 수컷은 '바우어'라고 부르는 그늘막 같은 나뭇가지 건축물을 만들고 그 안을 눈에 띄는 인공물과 자연물을 섞어 장식해요. 바우어새는 진짜 완벽주의자예요. 자신의 바우어에 완전 집착하거든요.

이건 나만을 위해 만든…
아니, 당신을 위해
만든 거야.

조류학자들에 따르면, 바우어 안에 있는 물건의 위치를 옮기면 바우어새는 금세 눈치채고 원래 자리로 되돌려 놓는다고 해요. 암컷과 짝짓기에 성공해도, 바로 그 사실을 까먹은 것처럼 본인의 건축 걸작품을 가꾸는 일에 몰두한답니다.

새틴 바우어새 수컷은 파란색 물건, 심지어 플라스틱까지 모아 바우어를 장식해요.

수컷 불꽃바우어새는

동공을 키웠다 줄였다 하는 기술로 암컷의 정신을 혹 빼놓아요. 그리고는 거칠고 탁한 소리를 내고, 쭉 펼친 날개를 똑바로 바라보며 천천히 매력적인 어깨춤을 춥니다.

헤헤헤이, 아가씨.

수컷 푸른발 얼가니새는

이상하리만큼 과장된 걸음걸이로 자신의 푸른 발을 자랑해요.

놀랄 준비를 해.

이것 좀 봐, 너무 멋지지?

새들이 우리보다 훨씬 많은 색깔을 볼 수 있다는 사실을 감안하면, 이 푸른 발에서 나오는 푸른색의 마법이 그들에게는 더 강렬하게 느껴질지도 몰라요.

어떤 **목도리도요** 수컷들은 '크로스드레서*'예요.

이들은 유전적으로 암컷의 노래와 외모를 흉내낼 수 있어요.
암컷 심사위원 앞에서 수컷들은 자신의 미모를 뽐내요.
이렇게 수컷들이 구애하기 위해 모이는 것을 '렉'이라고 해요.

수컷 붉은등요정굴뚝새는

두 살쯤 되면 마치 사춘기 소년처럼 급격한 변화를 겪어요.

이전
(흐리멍텅)

이후
(냉혹한 사기꾼)

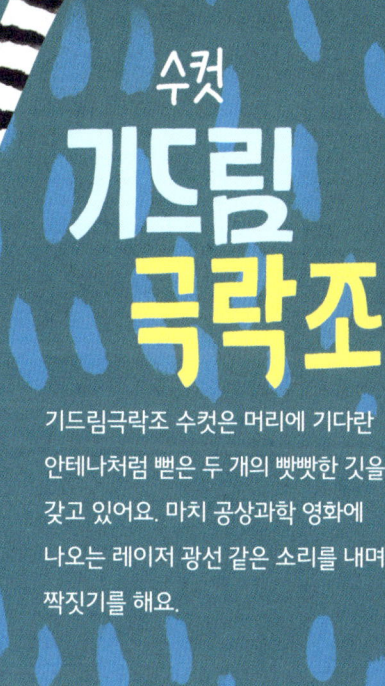

수컷
기드림 극락조

기드림극락조 수컷은 머리에 기다란 안테나처럼 뻗은 두 개의 빳빳한 깃을 갖고 있어요. 마치 공상과학 영화에 나오는 레이저 광선 같은 소리를 내며 짝짓기를 해요.

귀여운 한 쌍

새들의 약 90퍼센트는 한 번의 번식기에 한 둥지를 만들며 일부일처제로 짝을 맺는데, 어떤 새들을 평생을 함께 하기도 해요. 정말 사이좋은 한 쌍이지요!

하지만
유전자 검사를 하면
실상이 밝혀지죠.

의리를 지킨다고 알려진 많은 종들의 둥지에서도,
실제로는 검사하면 한 마리 이상의 아버지를
가진 알들이 많아요!

암컷 물꿩이

짝짓기를 할 때면 수컷 후보들이 많게는 다섯 마리까지 모여요.
한 수컷과 알을 낳으면 바로 다음 수컷으로 옮겨가고,
남은 수컷은 알을 품고 새끼를 길러요.

페루의 국조,
안데스바위새는

춤 연습과 짝짓기를 위한 희한한 노래 연습(마치 공포 영화의 배경 음악에 어울릴 듯한 소리예요)으로 시간을 보내요. 짝짓기가 끝나면 지겨운 집안일 따위는 생략하고 다시 렉으로 돌아가 또 다른 기회를 노려요. 자기가 남미에서 최고 멋진 새라고 확신하고 있거든요.

헤이, 어떻게 지내?

사랑의 아이콘

어떤 새들은 인간 사이의 관계를 완벽하게 상징해요.

비둘기는
그리스 사랑의 신
아프로디테와
연관되어 발렌타인 데이의
상징으로 여겨졌어요.

고대 인도에서는
앵무새를
사랑의 상징으로
생각했어요.

《카마수트라》라는 고대 인도의 책에는
남자가 갖춰야 할 64가지 능력 중 하나로
앵무새와 구관조에게 말을 가르치는 것이
있었다고 해요.

중국 속담으로
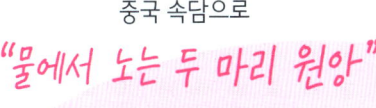
"물에서 노는 두 마리 원앙"
은 사랑에 빠진 한 쌍을 가리켜요.

한 번 짝을 지으면 평생을 함께하는 물새인 '원앙'은
한국과 일본에서도 사랑과 결혼의 상징이에요.

새가 있는 곳에 희망이 있다.

메멧 무랏 일단(터키 작가이자 사상가)

둥지에 대한 기본 상식

많은 종에게 둥지는 알을 두기 위한 임시 구조물일 뿐이에요.
새들은 둥지에 살지 않고, 번식이 끝나면 다시 이동해요.

둥지가 놀라운 이유는 새들이
부리와 **다리**만 이용해서
둥지를 만든다는 사실이에요.

사람처럼 엄지손가락이 따로 있는 것도 아니고,
복잡한 기계나 설계도가 있는 것도
아닌데 말이죠.

그건 정말
놀라운 일이야!

하지만 하늘을 나는
건축가들 중에는 진짜
명장들도 있답니다.

흰눈썹 벌새는

거미줄로 둥지가 대롱대롱 매달리게 하고 커다란 잎을 붙여서 비를 막아요. 인간이 평형추 원리로 기중기를 쓰듯이 똑똑한 새는 알로 가득한 둥지가 쏟아지지 않도록 균형을 잡아요.

검은머리 베짜기새는
풀, 갈대, 야자 이파리 등을
엮어 안쪽 습기를 잘 빠지게 하는
멋진 둥지를 만들어요.

흰집칼새는

자기의 침만 이용해서
둥지를 만들어요.
이 둥지는 제비집 수프 같은
음식에 쓰이기도 해요.

나의 장기는
침 흘리기야.

← 둥지는 절벽에 붙어 있어요!

풀숲무덤새는

나뭇잎과 가지, 흙 등을 쌓아 올려 꼭대기 부분에 알을 낳아요. 나뭇잎 등은 썩으면서 열을 내어 알을 따뜻하게 데워 부화시켜요. 수컷 풀숲무덤새는 부리를 온도계처럼 써서 알에 알맞은 온도가 유지되도록 재료를 더하거나 뺀답니다.

흰머리수리는

지구상에서 가장 큰 둥지를 짓는 새예요. 보통 몇 달에 걸쳐 완성하는데, 그 지름은 150~240센티미터, 높이는 120센티미터나 되고, 무게는 무려 2톤에 달해요.

우리가 하는 일마다
최고라는 걸 알죠?

세상에서 가장 오래되었다고 알려진
둥지는 그린랜드 절벽에 있는

흰매의 둥지예요.

2,500년이나 된 이 둥지는
지금도 쓰이고 있어요.

이 귀여운 아기 흰매들은
절벽 끝에서 아슬아슬하게
균형을 잡고 서 있답니다.

절벽제비는
진흙만으로 둥지를 지어요.
이렇게 만든 공동 둥지에는 많게는
3,000마리가 함께 살 수 있어요.

뿔물닭은

암수가 함께 얕은 물에 둥지를 만들어요. 무려 1.5톤이나 되는 자갈을 옮겨, 지름 4미터, 둘레 90센티미터 정도의 돌무더기를 만들고, 그 꼭대기에 물풀을 얹어 둥지를 완성하죠.

협동의 힘이야!

가장 작은 둥지를 만드는 새는
꿀벌벌새예요.

이 새는 쿠바에서만 살아요.

지름이 2.5센티미터밖에 안 되는 작은 둥지에 커피콩만 한 알 몇 개가 꼭 맞게 들어가요.

지구상에서 가장 작은 새집이죠.

지구상에서 가장 큰 둥지는
남서 아프리카에 사는
떼베짜기새가
만들어요.

이 새들은 1년 내내 둥지에서 살아요. 어떤 둥지는 무려 100년 동안이나 유지되기도 해요. 둥지가 너무 무거워져서 둥지를 지은 나무 꼭대기가 내려앉아 버리는 경우도 있어요.

모든 새들이 둥지를 짓는 건 아니에요.

흰제비 갈매기는

아예 둥지를 만들지 않고
나뭇가지나 바위 위에 절묘하게
균형을 잡아 알을 낳아요.

난 미니멀리스트거든.

선인장 딱따구리는

나무나 선인장에 구멍을 파고
그 안에 둥지를 지어요.

암컷 코뿔새는

나무에 자연적으로 생긴 구멍 속에서 혼자 지내요.

알을 낳을 때가 되면, 나무 구멍을 진흙과 자기 똥을
섞어 조그만 틈만 남기고 거의 막아 버려요.
건축 재료가 좀 특이하다는 생각은 전혀 하지 않고요.

헌신적인 수컷은
'똥 문' 앞으로 매일 찾아와서,

알을 품고 새끼를 기르는 암컷에게 먹이를 전달해 줘요.

사람이 지은 새집

수천 년 동안 사람들은 새를 가까이 끌어들이기 위해 여러 노력을 해 왔어요. 비둘기장은 집비둘기를 위한 집으로 전 세계에서 사용되었어요. 사람들은 비둘기의 알과 고기를 먹고, 배설물은 퇴비로 썼어요.

비둘기장

그리스, 티노스 섬

프랑스,
디에프

인도,
방갈로르

이 비둘기장은 1700년대에
마이소르 왕국을 다스리던,
인도 역사상 가장 유명한
군주였던 티푸 술탄의
전서구들을 위한 집이에요.

이집트, 미트 가므르의 비둘기장

오스만 제국 시절 터키에서는 공공건물 앞에 멋진 새집들을 달아 놓았어요.

몇 세기 동안
인도의 구자라트 도시 중심가에는
차부트로 라고
부르는 아름다운 새집이
세워져 있었어요.

세켈리 문

루마니아에 사는 헝가리 사람들이 만든,
비둘기장이 딸린 나무 문이에요.

비둘기가
드나드는 구멍

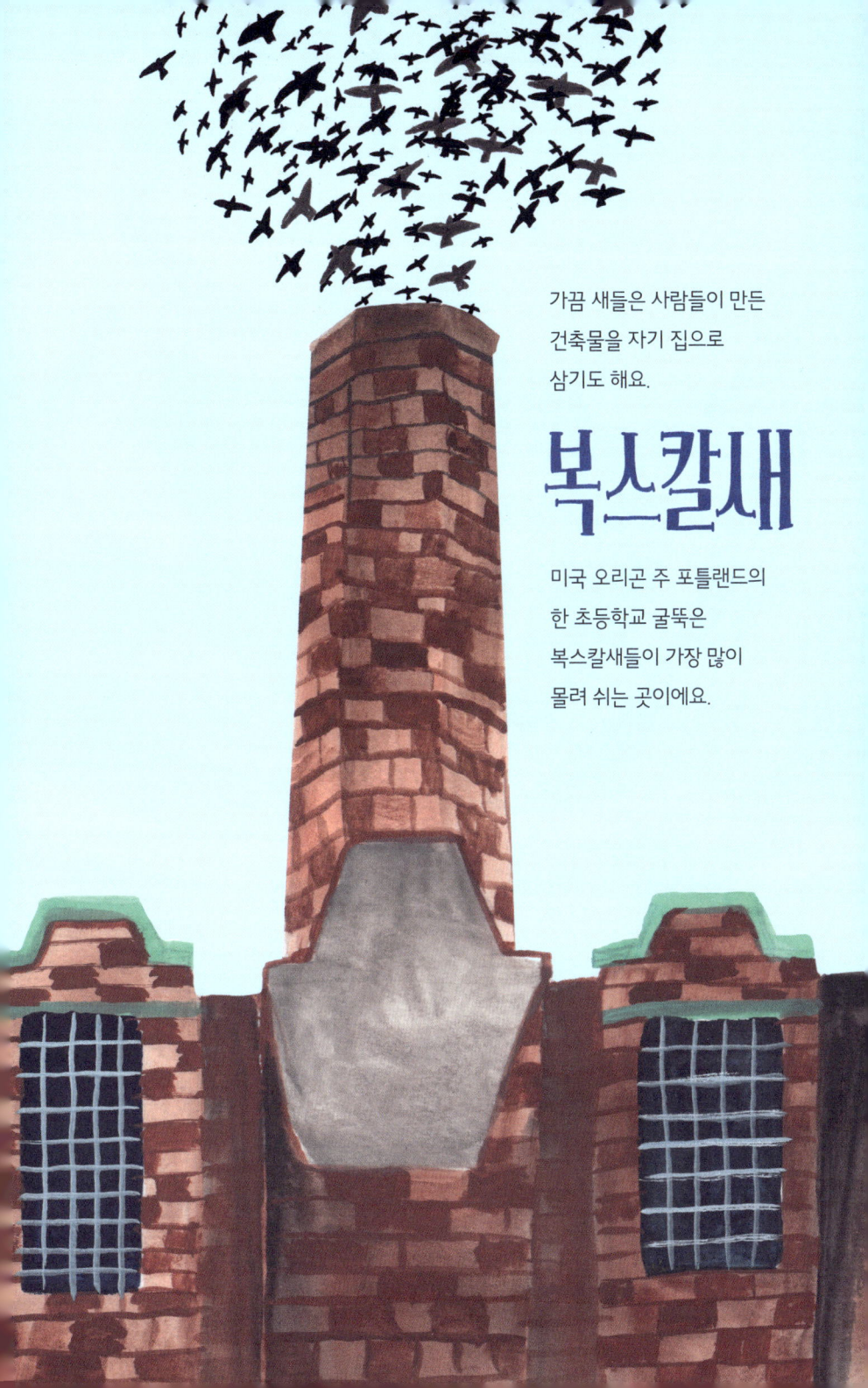

가끔 새들은 사람들이 만든 건축물을 자기 집으로 삼기도 해요.

복스칼새

미국 오리곤 주 포틀랜드의 한 초등학교 굴뚝은 복스칼새들이 가장 많이 몰려 쉬는 곳이에요.

매년 새해는 우리에게 놀라움을 준다.
우리가 잊고 지냈던 새들의 노래를 다시 들으면
마치 꿈처럼, 잊고 있었던 옛 시절의 기억이 되살아난다.

존 무어

2. 노랫소리: 좀 더 음악적이고, 여러 음절로 이루어진 복잡한 소리예요.

서로의 차이는 단순히 참고 넘어갈 것이 아니라 새로운 생각을 만들어내는 불씨가 될 수도 있다는 점을 우리는 기억해야 해요.

*오드리 로드

사람처럼, 새들도 태어날 때부터 '언어'를 알고 있지 않아요.

새들 역시 어릴 때 부모 새에게서 노래를 배워야 해요.

소리를 배우는 뇌 속 회로는 사람과 새가 비슷해요. 최근 연구결과에 따르면, 명금류 새들의 노래 속에는 그들만의 '문법'이 있다고 해요.

발음은
시-라-챠야.

불꽃오색조

새들은 목 안에 있는 '울대'라는
기관을 사용해 소리를 내요.

명금류는 이 울대를 양쪽으로 나누어 쓸 수 있어서, 정말 다양한 소리를 낼 수 있어요. 수컷 새가 울대를 사용해 동시에 두 가지 소리를 만들어 낼 때

이를 **'섹시한 음절'** 이라고 불러요.

(네, 이건 진짜 과학 용어예요.)

뿔바새

명금류의 경우, 이렇게 매력적인 노래를 부르는 것은 건강과 힘의 상징이에요. 수컷 새들은 노래 실력에 따라 번식 성공 여부가 달라져요.

새들의 노랫소리에는 우리가 상상하는 것 이상으로 많은 정보가 담겨 있어요.

우리 귀에 한 음으로 들리는 소리도, 사실은 속사포처럼 이어지는 여러 음이거나 우리가 들을 수 없는 음역의 소리일 때가 있어요. 그래서 과학자들은 새들의 노래의 시간과 음역을 조사할 때 스펙트로그램이라고 하는 컴퓨터 이미지를 이용해요.

수컷 카카포는

뉴질랜드에 서식하며 날지 못하는 앵무새예요. 이 새는 정말 새답지 않은 소리로 밤의 적막을 깨요. 번식기가 되면 가슴의 공기주머니를 부풀려 5킬로미터 밖에서 들리는 아주 낮은 '붐 붐' 소리를 내요. 밤새도록, 매일매일, 세 달 동안 이 소리를 오로지 암컷을 유혹하기 위해서만 낸답니다.

(암컷이 질려서 미리 떠나지만 않는다면 말이죠.)

붐- 붐- 붐-
　내 소리를 들어 봐!

수컷 갈색 지빠귀사촌은

좀 더 세련된 방법을 써요.

무려 1,000개가 넘는
노래 레퍼토리를 갖고 있어요.

노래를 섞어서도
부르기도 해요.

프린스의 두 비둘기

마제스티와 디비니티는
미국의 전설적인 가수 프린스가 키우던 비둘기예요.
이 비둘기들은 아름다운 노래 소리로도 유명했죠.

프린스는 2002년 낸 앨범 '원 나이트 얼론'의 해설에 '배경 음악'을 담당한 주인공으로 이 두 비둘기의 이름을 기록했어요.

황새나 펠리컨 같은
새들은 서운하게도
아예 목소리가 없어요.

눈을 한 번 깜빡이면 '네'고,
두 번 깜빡이면 '아니오'야.

수컷 **큰거문고새**는

지구상 어떤 새보다 복잡한
울음소리를 내요.

클릭!
클릭!
줌!

큰거문고새는 다른 새들의 울음소리는 물론, 자동차 엔진이나 카메라 셔터, 전기톱 돌아가는 소리 등 사람들이 만든 기계음까지 흉내낼 수 있어요.

앵무새나 까마귀과의 새들 중에는 사람 말을 따라 할 수 있는 새가 있어요. 이는 우리와 유전자를 99퍼센트나 공유하는 영장류조차 못하는 기술이에요.

새들과 노래하기

남아프리카의 일부 지역에서는 사람들이
새와 직접 의사소통을 해요.

사람들이 '쯧쯧' 소리나 휘파람 같은 소리를 내서

큰꿀벌잡이새를

부르면, 이 새가 사람들을 벌집이 있는 곳으로 안내해요.

이 관계는 양쪽 모두에게 이로워요. 사람들은 벌집을 열어 꿀을 얻고, 큰꿀벌잡이새는 벌 애벌레가 가득한 벌집을 맛있게 먹을 수 있죠. 탄자니아, 케냐, 모잠비크에서는 이런 협력이 수천 년 동안 이어져 왔어요.
인간과 야생의 다른 종이 이렇게 소통하는 경우는 아주 드물답니다.

새들이 다른 종들과 극단적으로 다른 점은,
그들의 아름다움과 가치에 있다.
그들은 언제나 우리 곁에 있지만,
결코 우리의 일부가 되지 않는다.

조너선 프랜즌(미국 소설가)

수백만 년 동안 새들은 야생에서 살아남기 위해 다양한 방식으로 진화해 왔어요. 이런 생존 전략은 정말 놀랍지만, 어떤 행동들은 조금 섬뜩하기도 해요.

귀엽기 짝이 없는
박새는
몰래 숨어 들어 자고 있는 박쥐의 머리를 쪼아서 죽이는 행동이 관찰된 적이 있어요.

난 해바라기씨와…
신선한 피를 좋아해.

북방올빼미는

사냥한 설치류를 비축할 때 추운 날씨에 얼도록 내버려둬요.
배가 고프면 꽁꽁 언 먹이가 녹을 때까지 그 위에 앉아
몸으로 데운 뒤 먹어요.

자연 전자레인지야!

땅뻐꾸기가

가장 좋아하는 먹이는 방울뱀이에요.
이들과 맞붙을 땐, 마치 뒤에서
메탈 밴드 '메탈리카'의 음악이
울려 퍼지는 것 같아요.

방울뱀을 제압한 뒤, 땅뻐꾸기는 방울뱀의 일부가
배 속에서 소화되는 동안, 아무렇지도 않게 나머지 몸통이
입 밖으로 덜렁거리게 몇 시간이나 내버려둬요.

북미소쩍새는

벌레처럼 생긴 작은 파충류인 장님뱀을, 살아 있는 채로 둥지로 가져와요.
장님뱀은 눈이 거의 보이지 않고 땅속에서 사는 아주 작은 뱀으로,
둥지 아래를 파고 들어가 개미나 흰개미 같은 곤충을 먹어 치우며 둥지를
깔끔하게 유지해 줘요. 덕분에 어린 부엉이들의 생존 확률이 높아져요.

두견 피톳휘는

뉴기니에 서식하는 꾀꼬리의 일종이에요. 깃털과 피부에 독이 있는 몇 안 되는 새로, 남아메리카 독 개구리와 같은 신경독을 가지고 있어요.

그래서 새는 절대 핥으면 안 돼.

호아친은

새보다 소와 비슷한 소화 방식을 갖고 있어요.
먹이인 나뭇잎을 위 속 미생물이 분해해 소화시켜요.

음메~
히히,
장난이야.

외모는 마치 고대 전설에 나오는 새처럼 생겼어요.

호아친 새끼는 날개에 파충류처럼
생긴 발톱이 있어서 나무를 잘 타요.

수염수리는 뼈를 먹어요.

작은 뼈는 통째로 삼키고, 큰 뼈는 공중에서 바닥으로 떨어뜨려 깨뜨려요.
수염수리의 위는 위산이 강해서 뼈를 24시간 안에 잘게 부술 수 있어요.

샐러드는 약골이나 먹는 거지.

수염수리의 이름은 스페인어로 '케브란타우에소스'라고 불리는데 '뼈를 깨부수는 자'라는 뜻이에요.

수염수리는 의도적으로 몸을 장식하는 것으로 알려진 유일한 새이기도 해요.
부리와 발로 산화철이 많은 붉은 진흙을 몸 전체에 바른답니다.

얕은 물에서 사냥하는
아프리카흑로는

날개를 펼쳐 잠시 양산처럼 몸을 만들어요. 물고기들이 그 그늘로 몰려들면 햇볕을 가려 더 잘 볼 수 있게 돼요.

새들의 적응 방식은 때로는 섬뜩하지만,
정말 놀랍기도 해요.

창부리벌새는

부리가 몸 크기와 비례해 세상에서 가장 길어요.
알려진 바로는 부리가 몸보다 더 크게 자라는
유일한 새이기도 해요.

놀랍게도 창부리벌새는 '패시플로라 믹스타'라는 꽃과 함께 진화해 왔어요. 둘은 서로 도움을 주고받는 사이랍니다. 꽃은 창부리벌새 덕분에 수정할 수 있고, 새는 그 보답으로 영양가 있는 꿀을 얻어요.

포투쏙독새는

눈꺼풀 끝에 가느다란 틈이 있어, 눈을 감고도 움직임이나 그림자를 감지할 수 있어요. 나뭇가지에 앉아 있으면 믿을 수 없을 만큼 똑같은 보호색 때문에 거의 보이지 않아요.

어디 있는 거야?

하지만 눈을 뜨면
너무 우스꽝스러운 모습이라
그냥 지나치기 힘들어요.

뭐가 웃긴다는 건지
모르겠네요.

새들을 대접하기

새들이 자신들의 환경을 극복하고 살아남기 위해 적응하기도 하지만, 우리도 새들의 생존을 돕기 위해 인간이 만든 장소들을 바꿀 수 있어요.

집에서 새들을 위해 할 수 있는 일

- 마당에 고유종 식물과 나무를 심어 위험에 빠진 새들의 서식지를 보호해요.
- 새 먹이통을 설치하고 새들이 마시고 목욕할 수 있는 깨끗한 물을 마련해요.
- 새집을 설치해요.
- 화학 제초제는 되도록이면 쓰지 않아요.

북미쇠박새

- 고양이는 집에 있게 해요(특히 낮 시간동안). 아니면 고양이에게 장식 목도리를 씌우거나 새들에게 경고할 수 있는 방울을 달아요.

- 큰 투명 반사 유리창에 점이나 무늬를 붙여서 새들이 유리창에 충돌하지 않게 해요(평행으로 테이프를 붙이거나, 한쪽만 투명하게 만드는 필름지, 줄로 만든 커튼 등을 이용해요).

- 칼새를 위한 굴뚝 탑이나, 새들이 둥지를 틀 수 있는 탑이나 대를 설치해요.

- 살고 있는 도시에서 불 끄기 운동을 후원하세요. 새들은 인공적인 건물의 불빛 때문에 밤에 치명적으로 길을 잃을 수 있어요. 보스턴, 시카고, 샌프란시스코, 뉴욕 등의 많은 도시들이 불 끄기 행사에 동참하고 있어요. 예를 들어 시카고에서는 새들의 이동 시기인 봄, 가을이면 40층 이상 건물에서는 밤 11시 이후로 불필요한 불을 끄고 있어요.

우리의 가계도를 거슬러 올라가면
우주의 기원에 닿을 수 있다.
그러므로 우리는 이 자연계의 주인이라기보다,
그 일부인 것이다.

제라드 알버트(뉴질랜드 왕가누이 족 추장)

매 순간, 우리 주위에는
　　수백만 마리의 새들이
거대한 삶의 드라마를 살아내고 있어요.

그 과정에서 새들은 우리의 삶을 도와주기도 해요. 새들은 식물의 가루받이를 돕고 씨를 퍼뜨려요. 가마우지류의 똥인 구아노는 훌륭한 퇴비가 돼요. 또 여러 생물을 먹어 치워 생태계의 균형을 지키죠.

하지만 지금 새들은 위험에 처해 있어요. 환경 파괴에 희생 되거나 개발로 인해 서식지를 잃고 있어요. 조사에 따르면 전 세계 새들의 40퍼센트가 줄어들고 있다고 해요.

코뿔바다오리

국제적으로 '취약' 등급에서 '절멸' 단계로 가고 있는, 사라질 위험이 있는 많은 종 중 하나예요.

새를 사랑하는 마음은 세상을 바꾸는 힘이 될 수 있어요. 자연과 깊이 연결될 때 우리는 행복해지고, 삶이 더 풍요롭게 느껴져요. 그 연결은 우리를 더 진실하고 의미 있는 경험으로 이끌고, 환경을 지키고 싶은 마음을 키워 줄 거예요.

생태학에서 가장 중요한 법칙은 모든 것이 다 연결되어 있다는 거예요.
새들은 하늘과 연결되어 있고, 우리는 새들과 연결되어 있어요.

새들은 우리가 진정 누구인지 발견할 수 있게 도와줘요.

우리는 서로를 의지하며 살아가는, 역동적인 '지구 가족'의 일원이에요.

참고 문헌

제니퍼 애커먼, 《새들의 천재성》, 김소정 옮김, 까치, 2017

Boreal Songbird Initiative. "Boreal Flyways Map," https://www.borealbirds.org/publications/boreal-flyways-map.

Chowder, Ken. "John James Audubon: Drawn from Nature." PBS, July 25, 2007, http://www.pbs.org/wnet/americanmasters/john-james-audubon-drawn-from-nature/106/.

Couzens, Dominic. Extreme Birds: The World's Most Extraordinary and Bizarre Birds. Ontario: Firefly Books, 2001.

Green, Nile. "Ostrich Eggs and Peacock Feathers: Sacred Objects as Cultural Exchange between Christianity and Islam." Al-Masāq 18, no. 1 (October 21, 2010): 27-78, https://www.tandfonline.com/doi/full/10.1080/09503110500222328.

Harrison, Kit, and George. Birds Do It, Too: The Amazing Sex Life of Birds. Minocqua, WI: Willow Creek Press, 1997.

Johnston, Alison, and Justin G. Schuetz. "Characterizing the Cultural Niches of North American Birds." Proceedings of the National Academy of Sciences 116, no. 22 (May 28, 2019): 10868-873, https://doi.org/10.1073/pnas.1820670116.

Jones, Ian L., and Sampath S. Seneviratne. "Mechanosensory Function for Facial Ornamentation in the Whiskered Auklet, a Crevice-dwelling Seabird." Behavioral Ecology 19, no. 4 (July-August 2008): 784-790, https://doi.org/10.1093/beheco/arn029.

앤드루 롤러, 《치킨로드: 문명에 힘을 실어준 닭의 영웅 서사시》, 이종인 옮김, 책과함께, 2015

Robbin, Jim. The Wonder of Birds: What They Tell Us about Ourselves, the World, and a Better Future. New York: Spiegel & Grau, 2017.

Sartore, Joel, and Strycker, Noah. Birds of the Photo Arc. Washington, DC: National Geographic, 2018.

Strycker, Noah. The Thing with Feathers: The Surprising Lives of Birds and What They Reveal about Being Human. New York: Riverhead Books, 2014.

Stutchbury, Bridget. The Private Lives of Birds: A Scientist Reveals the Intricacies of Avian Social Life. London: Walker Books, 2010.

Tekiela, Stan. Feathers: A Beautiful Look at a Bird's Most Unique Feature. Cambridge, MN: Adventure Publications, 2014.

Young, Jon. What the Robin Knows: How Birds Reveal the Secrets of the Natural World. New York: Mariner Books, 2012.

참고: 조류 관련 최신 기사와 자세한 조류 안내서가 있는 두 웹사이트를 활용했습니다.
모두 원고를 정리하는 데 매우 귀중한 도움이 되었습니다. 조류에 대한 풍부한 정보를 찾으려면 꼭 방문해 보세요!

National Audubon Society
https://www.audubon.org

The Cornell Lab of Ornithology
https://www.birds.cornell.edu

감사의 말

이 원고를 오랫동안 기억해 주고, 책으로 세상에 나올 수 있도록 도와준 편집자 멕 레더에게 감사합니다. 또 여러 책에 대한 아이디어를 함께 실현시키고, 이 책이 출간되는 데 꼭 필요한 역할을 해 준 에이전트 제니퍼 웰츠에게도 고마운 마음을 전합니다.

이 책에 담긴 흥미로운 이야기들은 조류학자와 동물학자들이 오랜 시간 현장에서 연구하고 조사한 덕분에 가능했습니다. 그들의 노고 덕분에 우리는 새와 그 서식지를 더 잘 이해할 수 있게 되었습니다. 저는 인간과 자연의 복잡한 관계를 밝히고, 어떻게 하면 자연과 조화를 이루며 살아가는 길을 알려주는 학자들에게 깊은 존경심을 느낍니다. 혹시 이 책에 담긴 지식이나 세부 내용 가운데 제가 잘못 이해하거나 헷갈린 부분이 있다면, 그것은 전적으로 제 책임입니다.

늘 응원해주는 남편 닉에게도 고맙습니다. 마감이 다가오는데도 몇 십장이 남았을 때, 닉은 "그럼 그냥 나머지는 백지로 남겨두고, '자, 이제 여러분의 새를 그려 보세요!' 라고 쓰면 되잖아." 하고 농담을 건네며 저를 웃게 했습니다. 엄마와 자매들, 모니카, 나민, 데릭, 사이다, 켈시, 도네쉬, 파자드, 사브린, 파이자, 아드리아나, 모니카 E., 가비, 벨라, 펠리체, 레일라, 엘리야, 제니 수, 네이트, 맥켄지에게도 고맙습니다.

마지막으로 회색머리노랑딱새에게도 인사를 전하고 싶습니다. 2019년 미국 국립 과학 연구 조사에 따르면, 이 새는 북미에서 조사 대상이 된 621종의 새들 중 가장 인기가 없었다고 해요. 이 조사는 사람들이 새를 구별하는 능력을 키워, 보전 활동을 더 잘할 수 있도록 하려는 목적이었어요. 그러니 이 작은 새에게도 조금의 사랑을 나눠 주세요.

회색머리노랑딱새
엄청 귀여운 우리의 '루저'